Umgang mit Emotionen. Aufmerksamkeitslenkung und Gedächtnisprozesse in der Allgemeinen Psychologie

Bibliografische Information der Deutschen Nationalbibliothek:

Die Deutsche Nationalbibliothek verzeichnet diese Publikation in der Deutschen Nationalbibliografie; detaillierte bibliografische Daten sind im Internet über http://dnb.d-nb.de abrufbar.

ISBN: 9783346941213
Dieses Buch ist auch als E-Book erhältlich.

Allgemeine Psychologie II: Lernen, Kognition,
Emotionen Fallaufgabe

Inhalt

Abkürzungsverzeichnis

CR	Konditionierte Reaktion (auch bedingte Reaktion; conditioned response)
CS	Konditionierter Stimulus bzw. Reiz (auch bedingter Stimulus; conditioned stimulus)
MRT	Magnetresonanztomographie
NLP	Neuro-Linguistisches Programmieren
NS	Neutraler Stimulus bzw. Reiz (neutral stimulus)
OCC Modell	kognitive Emotionstheorie nach Ortony, Clore und Collins
UR	Unkonditionierte Reaktion (auch unbedingte Reaktion; unconditioned response)
US	Unkonditionierter Stimulus bzw. Reiz (auch unbedingter Stimulus; unconditioned stimulus)

Falllösung

Ad 1.1 a): Skizzierung des erdachten wiederkehrenden Elementes

Die Zuschauer werden mithilfe des Prinzips der Furchtkonditionierung unter den Einfluss von spannender, in Tonhöhe und Lautstärke ansteigender **Musik** gesetzt. Die Aufmerksamkeit wird so vom hauptagierenden Zauberer abgelenkt, welcher seinen Zaubertrick so verdeckt vor dem Publikum vorbereiten kann. Der Stimulus der ursprünglich neutralen Musik versetzt mit spannenderer Musik und gesteigerter Erwartungshaltung die Zuschauer in einen Erregungszustand. Es folgt ein lauter **Knall** – ein Gefahrensignal, welches mit dem ursprünglich neutralen Stimulus der Musik kombiniert wird. Das Ergebnis ist, dass der ursprünglich neutrale Reiz als furchterregend besetzt wird: Musik gepaart mit einem Knall bedeutet Unheil.

Ad 1.1 b): Erläuterung des dahinterstehenden psychologischen Prinzips und dessen Wirkweise

Es handelt sich um das **Prinzip der Furchtkonditionierung**, wo ein neutraler, bedingter Reiz (etwa Licht, Ton, Farben, ...) mit einem furchterregenden, unbedingten Reiz (etwa Schmerzen, Übelkeit, lauter Knall, ...) gepaart wird und somit der ursprünglich neutrale Reiz in uns Furchterleben auslöst (vgl. Roth, 2020, S. 64).

Betrachtet man die bei dieser Konditionierung beteiligten Hirnareale, so sind die zentrale Amygdala (als Ort der angeborenen Fluchtreaktionen), die basolaterale Amigdala (als Ort der erworbenen Fluchtreaktionen), der kognitive Kortex (der Ort des Gehirns der für Denken, Wahrnehmen und Erkennen, eben für Kognition zuständig ist), der limbische Kortex (als Teil der Großhirnrinde, welche keinen sechsschichtigen Aufbau haben, wozu auch der Hippocampus zählt) und der Hippocampus (als Teil des limbischen Systems und Ort der Bildung und Aufrechterhaltung von Gedächtnisinhalten sowie an Lernprozessen) beteiligt (vgl. Roth, 2020, S. 57, 64).

Ad 1.1 c): Furcht / Angst als Ablenkung und die Reihenfolge bewusster und unbewusster Verarbeitung samt Nennung des theoretischen Emotionsmodelles

Eine **Emotion** ist die Reaktion des gesamten Organismus, sie ist eine Mischung aus physiologischer Erregung (etwa Herzklopfen, Herzrasen), Ausdrucksverhalten (etwa Laufen, beschleunigter Schritt) und bewusster Erfahrung, bestehend aus Gedanken (Passiert das gerade wirklich?) und Gefühlen (etwa **Angst**) (vgl. Myers, 2014, S. 496).

Das **Bewusstsein** ist Informationsverarbeitung des Gehirns, welches es einsetzt, wenn es mit komplexen Problemen beschäftigt wird, für welches noch keine Lösungen bereitstehen, erst wenn diese besser ausführbar sind, ist das Problemlösungsverhalten unabhängiger vom Bewusstsein; neue emotionale Zustände bilden in limbischen

Netzwerken (kortikalen und subkortikalen) starke Aktivität, im Gegensatz zum kognitiven assoziativen Kortex (vgl. Roth, 2020, S. 43).

Emotionen können einen mit Denken verbundenen oberen Weg gehen: Angstreiz wird über den Thalamus in den Sensorischen Kortex und in den Präfrontalen Kortex geleitet (wo der Reiz analysiert und benannt wird), anschließend wird der Reaktionsbefehl über die Amygdala (als Emotionssteuerungszentrum) gesendet, eine Angstreaktion wird ausgelöst; oder den schnelleren unteren Weg des **LeDoux-Modells**, nach **Joseph LeDoux**, gehen: Der Angstreiz wird vom Thalamus ungehindert (unbewusste Beteiligung des Kortex) an die Amygdala geleitet, somit wird eine schnellere Reaktion möglich (vgl. Myers, 2014, S. 499).

Somit lässt sich sagen, dass ein mit Angst verknüpfter Stimulus über Auge oder Ohr über den Thalamus zur Amygdala geleitet wird, und wegen der unbewussten Beteiligung des Kortex zu einer schnellen Reaktion führt, da die Amygdala so schnell reagiert, dass es nicht bewusst wahrnehmbar ist (vgl. Myers, 2014, S. 500; Roth, 2020, S. 46), daher – eben aufgrund der unbewussten Verarbeitung – ist Angst / Furcht besonders gut als Ablenkung geeignet.

Ad 1.2 a): Beschreibung des psychologischen Mechanismus, der hinter dem Phänomen false memory liegt

Im Rahmen von besonders bedeutsamen Ereignissen lässt sich in der gedächtnispsychologischen Forschung die sogenannte Blitzlicht-Erinnerungen (oder engl. flashbulb memories) erkennen: Während das Kerngeschehen weniger Abänderungen unterliegt, werden Nebengeschehen nicht korrekt erinnert und es werden von Personen frei erfundene, objektiv falsche Begebenheiten ohne Realitätszusammenhang erzählt, welche die Person in dem Moment jedoch – da es unbewusst geschieht – für wahr hält, wird das Konfabulation genannt; bei diesen Personen ist dies im Fall von Blitzlicht-Gedächtnisinhalten sehr hoch, dies nennt man falsche Erinnerungen (oder engl. **false memories**) (vgl. Roth, 2020, S. 49).

Ad 1.2 b): Kurzanleitung für Bühnenzauberer zur Erinnerungsbeeinflussung der Zuschauer: Kerngeschehen – Nebengeschehen – konfabulieren/false memory

Nach den Ergebnissen von zwei Experimenten von **Justin Storbeck und Gerald L. Clore**, wonach schlechte Laune das Erinnerungsvermögen steigert und es bei guter Laune zu verfälschten Erinnerungen kommt, da Menschen mit guter Laune zu assoziativer Verarbeitung neigt und somit das Assoziierte als wahr empfunden wird: Der Zauberer soll gute / positive Stimmung im Publikum erzeugen und halten können um seine Tricks reibungslos vorführen zu können um das Erinnerungsvermögen der Zuschauer beeinflussen zu können (vgl. Storbeck; Clore, 2005, S. 785 ff.).

Zum Kerngeschehen – Nebengeschehen – konfabulieren (Ausfüllen von Gedächtnislücken mit Erfundenem) und/oder false memory:

Kerngeschehen: Eine Euromünze schwebt. Nebengeschehen: angenehme Musik, ansteigend und spannender; Lichteffekte deuten ein schweben an; der Zauberer hebt die Arme und sein ganzer Körper geht mit. Die Zuschauer glauben, die Münze schweben zu sehen, sie füllen also Gedächtnislücken mit Erfundenem auf; und halten die schwebende Münze für wahr, somit liegt false memory vor.

Ad 1.3 a): Beschreibung klassischer Konditionierung und deren Funktionsweise

Bei der klassischen Konditionierung lernt ein Tier (zum Beispiel der pawlowsche Hund: Ein neutraler Reiz (etwa ein Klingelton) kurz vor einem unkonditionierten Reiz (etwa Futter) wird durch mehrmalige Wiederholung zum konditionierten Reiz, der eine konditionierte Reaktion (etwa Speichelfluss) auslöst.) oder ein Mensch eine bestimmte Reaktion (bedingte Reaktion / CR) auf einen gewissen Reiz (bedingter Stimulus / CS) (vgl. Roth, 2018, S. 31; Becker-Carus; Wendt, 2017, S. 296 f.):

- Vor der Konditionierung: es wird ein neutraler Reiz (etwa ein Klingelton) gesetzt; dieser konditionierte Stimulus löst keine oder lediglich eine irrelevante Reaktion aus. Der unbedingte Stimulus US (etwa Futter) löst eine unkonditionierte Reaktion UR (etwa Speichelfluss) aus.

- Während der Konditionierung: es wird der ursprünglich neutrale Reiz (Klingelton) nach mehrfacher Paarung (wo der Klingelton mit dem Futter verknüpft wird, da beide Ereignisse zusammen auftreten = Kontiguität, und auch häufiger zusammen auftreten = je Häufiger, desto stärker die Verknüpfung) mit US (Futter) zum konditionierten Reiz CS (Klingelton).

- Nach der Konditionierung: es wird der konditionierte Stimulus CS (Klingelton) mit der unkonditionierten Reaktion UR (Speichelfluss) assoziiert, wodurch UR zur konditionierten Reaktion CR wird.

Bedeutsam ist, dass der unkonditionierte Stimulus durch beinahe jeden anderen beliebigen neutralen Reiz ersetzt werden kann, und damit zum konditionierten Stimulus werden kann (vgl. Becker-Carus; Wendt, 2017, S. 297).

Während also etwa bei der Furchtkonditionierung (siehe oben) ein ursprünglich neutraler Stimulus (welcher gemeinsam mit einem US auftritt), später als Gefahrensignal (CS) eine konditionierte Furchtreaktion (CR) auslöst, ist es nun so, dass eine wiederholte Präsentation des CS in Abwesenheit des US zu einer Abnahme der CR führt; dieser Prozess wird Löschung oder Extinktion genannt und ist einer der zentralen

Wirkmechanismen der Expositionstherapie (vgl. Hoyer; Lueken, 2021, S. 445; Becker-Carus; Wendt, 2017, S. 298, 303 f.).

Ad 1.3 b): Beschreibung klassischer Konditionierung und deren Funktionsweise in einer Zaubershow

Die Aufmerksamkeit der Zuschauer in der Zaubershow kann mit Hilfe der klassischen Konditionierung als einer Form des Lernens, bei dem der Zuschauer zwei oder mehr Reize miteinander assoziiert und Ereignisse vorwegnimmt, gelenkt werden:

Indem der ursprünglich neutrale Reiz (Musikbegleitung zwecks Spannungsaufbau bei den Zaubertricks) im Zuge des Andauerns der Show und mehrfacher Paarung mit dem unbedingten Stimulus (Zauberer benutzt dramatisch-bewegt sein Zaubertuch) wird die Musik zum konditionierten Reiz, und löst die UR Spannungsaufbau bzw. Erwartungshaltung („gleich passiert etwas") aus. Nach der Konditionierung genügt die Musik als CS und die Erwartungshaltung der Zuschauer wird zur CR.

Aufgabe 2: Umgang mit Emotionen

Ad 2.1 a): Emotionstheorie (OCC Modell nach Ortony, Clore und Collins)

Unter den gängigen Emotionsmodellen beschreibt die **kognitive Emotionstheorie OCC** ein Modell, wonach sich Emotionen von Affekten durch den Einschluss von Zielbewertungen (goals), Erwartungen (sandards) und Einstellungen (attitudes) unterscheiden; daher sind Emotionen immer auf ein Ziel ausgerichtet (vgl. Roth, 2020, S. 42).

Ausgehend von einer Emotion (ein persönlich relevantes Ereignis) fragt das OCC Modell in drei Emotionshauptgruppen nach der Emotionsursache, welche in einem Ereignis, einer Handlung oder einem Objekt liegen kann (vgl. Horstmann; Dreisbach, 2017, S. 120 ff.; Ortony, 2012, S. 2 ff.):

- Betrifft die Emotion ein Ereignis, so wird unterschieden, ob es einen selbst (also das eigene Wohlergehen) oder eine andere Person (Empathieemotionen) betrifft.

   o Betrifft das Ereignis mich selbst, so stellt man sich die Frage nach der Erwartungshaltung gegenüber dem Ereignis: bestand keine Erwartungshaltung so sind die Wohlergehensemotionen **Freude** oder **Leid**; bestand eine Erwartungshaltung und wie sicher war man sich dieser Erwartungen: war die Erwartungshaltung unsicher, so sind die Ungewissheitsemotionen **Hoffnung** oder **Furcht**; war die Erwartungshaltung bestätigt, so sind die Emotionen der Erwartungsbestätigung entweder **Befriedigung** oder **bestätigte Furcht**; war die Erwartungshaltung verletzt, so sind die Emotionen der Erwartungsentkräftung entweder **Erleichterung** oder **Enttäuschung**.

- o Betrifft das Ereignis eine andere Person, so fragt man danach, welche Einstellung ich dieser Person gegenüber habe, entweder Zuneigung oder Abneigung: bei Zuneigung folgen die Sympathieemotionen **Mitfreude** oder **Mitleid**, während bei Abneigung die Antipathieemotionen **Schadenfreude** oder **Neid/Missgunst** folgen.

- Betrifft die Emotion eine Handlung, so wird unterschieden, ob es einen selbst oder eine andere Person betrifft.

  - o Betrifft die Handlung mich selbst, so folgt entweder Selbstlobemotionen (**Stolz**) oder Selbstvorwurfemotionen (**Schuld/Scham**).

  - o Betrifft die Handlung eine andere Person, so folgt entweder Lobemotionen (**Bewunderung**) oder Vorwurfemotionen (**Empörung**).

- Betrifft die Emotion ein Objekt, so besteht lediglich die Unterscheidungsmöglichkeit in Mögen/Zuneigung (**Liebe**) oder Nichtmögen/Abneigung (**Hass**). Diese emotionalen Reaktionen auf Einzelobjekte kommen durch Einschätzung des Gefallens / Nichtgefallens zustande.

- Eine Sonderstellung nehmen die Verbundemotionen ein, welche immer dann entstehen können, wenn Wohlergehensemotionen und Handlungsemotionen zusammen auftreten (etwa **Selbstzufriedenheit**, **Reue**, **Dankbarkeit** oder **Ärger**).

Ad 2.1 b): Erzeugung von Hoffnung und Stolz während einer Zaubershow

Hoffnung ist eine Ungewissheitsemotion: der Zuschauer soll sich selbst von dem Ereignis der Bühnendarstellung betroffen fühlen; es soll eine unsichere Erwartungshaltung beim Zuschauer aufgebaut werden um die Emotion Hoffnung zu erwecken. Der Zauberer soll die Ungewissheit des Publikums bis zur spontanen Wirkung des Zaubertricks im Ungewissen lassen (durch spannende Musik, Lichteffekte, eventuell eine Assistentin die etwas holt oder vorbereitet, um so weiter die Erwartungshaltung zu schüren).

Stolz ist eine Selbstlobemotion: der Zuschauer soll sich selbst von der Zauberhandlung betroffen fühlen; der Handlung soll die Emotion Stolz als Selbstlob resultieren (der Zauberer bindet das Publikum oder einen einzelnen Zuschauer in einen Zaubertrick ein; der Einzelne (entweder aus dem Publikum, oder ein einzelner Zuschauer) ist stolz darauf, dabei gewesen zu sein / daran teilgenommen zu haben).

Ad 2.2 a): Möglichkeit einer unbewussten Furchtauslösung beim Publikum

Eine **unbewusste Furchtkonditionierung** führt zu einer Aktivierung der Amygdala (vgl. Roth, 2020, S. 58), da Emotionen im limbischen System erzeugt werden, das nicht dem Bewusstsein untersteht und erst die Einbeziehung des Kortex Emotionen bewusst macht. Eine Furchtreaktion beim Publikum wird den schnellen Weg (Angstreiz -> Thalamus -> (unbewusst über sensorischen und präfrontalen Kortex) -> Amygdala) gehen, da die Kognition der Emotion bei einer unbewussten Furchtauslösung nicht vorausgeht (bzw. vorausgehen muss) (vgl. Myers, 2014, S. 499).

Eine Gefahrensituation kann in Form von dunklen über die Bühne gleitenden Schatten dargestellt werden, durch Angstreiz wird dann unbewusst Furcht ausgelöst.

Ad 2.2 b): Erläuterung der dahinterstehenden Theorie

Dahinter steht die **LeDoux-Theorie**, siehe oben (Ad 1.1 c). Diese Emotionstheorie handelt vom Entstehen unbewusster und bewusster Emotionen, wonach ein Ereignis (Angstreiz) bei einer visuellen Wahrnehmung (über die Retina) und den lateralen Kniehöcker des Thalamus, zu den limbischen Zentren (etwa der basolateralen Amygdala) verläuft, und von dort aus unbewusst zu den vegetativen Zentren, wo Reaktionen (Angstreaktion) ausgelöst werden. Gleichzeitig laufen Erregungen vom lateralen Kniehöcker des Thalamus zur primären Sehrinde, anschließend zu visuellen Kortexarealen wo sich neutrale visuelle Erregungen mit deklarativen Gedächtnisinhalten, die durch den Hippocampus und die ihn umgebende Rinde aktiviert wurden, im Kortex verbinden. Es werden die Erregungen, Aufgrund der Tätigkeit des basalen Vorderhirns, mit erhöhter Aufmerksamkeit versehen, um mit Inhalten des emotionalen Gedächtnisses verknüpft zu werden (vgl. Roth, 2020, S. 45 f.; Myers, 2014, S. 499 f.).

Die Erklärung von Emotionen erfolgt nach LeDoux also spontan und vor der eigentlichen kognitiven Bewertung (etwa: jemand reagiert auf einen Reiz – Spinne; noch bevor dieser Reiz bewertet wird – Spinne ist harmlos).

Ad 2.2 c): Erklärung der Preparedness-Hypothese

Nach der **Preparedness-Hypothese** ist davon auszugehen, dass auf bestimmte evolutionär bedingte Reize, sofort mit Angst reagiert wird, da diese Angst an Situationen und Objekte anknüpft, welche durch evolutionsbiologische Prägung eine potentielle Gefahr für den Menschen darstellen (vgl. Seligman, 1971, S. 307 ff.).

Bestimmte Reize werden also eher mit Gefahr assoziiert. Der Zuschauer reagiert also auf bestimmte Reize besonders empfindlich, da ein Reiz (lautes Brüllen oder Spinnenbild) eine Reaktion (Angst/Furcht) auslöst, da dieser Reiz in evolutionär gesehen eine erhebliche Bedrohung (Angriff durch Säbelzahntiger, Spinnen, oder ähnliches) darstellte.

Ad 2.3 a): Studienzusammenfassung unter Berücksichtigung der Fragestellung bzw. des Studienzieles und deren zentrale Ergebnisse

Die Fragestellungen der beiden Studien befassen sich damit, was epistemische Neugier mit dem Gehirn macht, wie sich diese auf die Gedächtnisleistung auswirkt. Die Studienziele beider Studien bringen Klarheit in die „Neugier". Die Ergebnisse der beiden Studien deuten darauf hin, dass die Neugier den Belohnungskreislauf aktiviert und somit die Gedächtnisleistung verbessert wird.

In der Verhaltensstudie von **Kang et al.** (vgl. Kang et al., 2019, S. 963 ff.) wurden 19 Studenten im Zuge einer funktionalen MRT-Untersuchung des Gehirns nach dem Zufallsprinzip 40 Quizfragen gestellt. Die Neugier beim Lesen der Fragen und die erratenen Antworten wurden von den Studenten bewertet, und den Studenten dann neuerlich vorgelegt, um das Erinnerungsvermögen zu testen. Neugier steht dabei in Zusammenhang mit der Nucleus caudatus (das ist ein paariges Kerngebiet im Großhirn-Telencephalon), welche als Teil unter anderem des Belohnungssystems eine Rolle bei Lernvorgängen spielt. Die Studie zeigte nicht nur, dass die Studenten kürzere Zeiten brauchen, um Antworten zu finden, wenn sie neugieriger sind; sondern auch, dass die Neugier bei einer falschen Antwort stieg – was auch verknüpfbar damit ist, dass die Erinnerung an die Antwort bei einer neuerlichen Fragestellung verbessert werden konnte, was die Vermutung nahelegt, dass Neugier zur Verankerung neuer Informationen im Gehirn und einer Verbesserung des Gedächtnisses beiträgt.

In der Studie von **Brod und Breitwieser** (vgl. Brod; Breitwieser, 2019, S. 1 ff.) wurde der Frage nachgegangen, ob die Neugier selbst stimuliert werden kann, und zwar durch den Wunsch aus eigenem Antrieb heraus, zu wissen, ob eine Vorhersage zutrifft. Die Teilnehmer (29 Studenten) mussten - bevor sie ihre Neugier bewerteten und die richtige Antwort sahen - eine Vorhersage (prediction) oder ein Beispiel (example) generieren, basierend auf einer Aufgabe mit numerischen Fakten (90 Fakten, aufgeteilt in zwei Gruppen zu je 45). Die Generierung von Vorhersagen stimulierte dabei die Neugier; auch war eine hohe Neugier im Vergleich mit einer zu geringen Neugier mit einem besseren Gedächtnis für die jeweils richtige Antwort verbunden. Aufgenommene Pupillendaten zeigten nicht nur, dass eine höhere Neugier mit einer größeren Pupillenerweiterung während der Erwartung der richtigen Antwort verbunden war, sondern auch, dass es eine Verstärkung der Pupillenerweiterung gab, wenn die Teilnehmer eine Vorhersage anstelle eines Beispiels generierten (und das, sowohl während der Erwartung der richtigen Antwort als auch als Reaktion darauf, sie zu sehen). Die Studienergebnisse lassen darauf deuten, dass die Generierung einer Vorhersage die Neugier stimuliert und zwar, indem sie die Relevanz der Wissenslücke erhöht.

Ad 2.3 b): Anwendung der zentralen Ergebnisse beider Studien in der Show

Die Neugier der Zuschauer während der Zaubershow soll hochgehalten werden, indem der Zauberer deren Neugier zuerst weckt (beispielsweise als Fragestellung formuliert: *„Wer weiß, wo das Kaninchen jetzt ist?"*). Anschließend wird die Neugier verstärkt (beispielsweise gibt ein Zuschauer die Antwort / Vorhersage: *„Das Kaninchen ist im Hut."* – Der Zauberer dreht den Hut um, er ist leer, die Spannung steigt, die Neugier mit der falschen Antwort des Zuschauers auch.). Die Pupillen des Zuschauers erweitern sich, er ist neugieriger in Erwartung der richtigen Antwort, die Spannung steigt und wird schließlich aufgelöst (beispielsweise ist das Kaninchen im Koffer, und nicht im Hut).

<u>Aufgabe 3: Mentalmagie</u>

Ad 3.1 a): Was ist operantes Konditionieren

Operantes Konditionieren ist ebenso wie die klassische Konditionierung eine Form assoziativen Lernens, wobei hier ein Verhalten dadurch bekräftigt wird, dass diesem ein Verstärker folgt und dadurch in ihrer Häufigkeit zunimmt, oder aber abgeschwächt wird, weil diesem eine Bestrafung folgt und dadurch in ihrer Häufigkeit abnimmt; eine Handlung wirkt auf die Umgebung ein um belohnende oder bestrafende Reize zu produzieren, das ist das **operante Verhalten** (vgl. Myers, 2014, S. 300).

Während also die klassische Konditionierung eine Art des Lernens ist, wo zwei Ereignisse / Reize miteinander in Verbindung gebracht werden; befasst sich die operante Konditionierung damit, dass auf eine Handlung eine bestimmte Konsequenz folgt, welche dazu führt, dass diese Handlung mal mehr – mal weniger wahrscheinlich wiederholt werden wird.

Ad 3.1 b): Zusammenfassung der Studie zur verbalen Verstärkung

Verstärker haben Auswirkungen auf das Verhalten (vgl. Myers, 2014, S. 71): Erhöht die Konsequenz einer Handlung / Ereignisses die Wahrscheinlichkeit, dass diese Handlung / dieses Ereignis erneut auftritt, nennt man diese Konsequenz den Verstärker.

Zusammengefasst handelt diese Studie von der **Entstehung von Einstellungen durch operante Konditionierung**.

Es handelt sich um eine telefonische Einstellungsbefragung, wobei der Interviewer Fragen zur Harvard-Philosophie der Allgemeinbildung stellte und durch seine eigenen Reaktionen auf die Antworten mit „Gut" und „Mmhmm" eine Voreingenommenheit dafür oder dagegen offenbarte.

Es wurden 4 Versuchsgruppen gebildet: 2 Gruppen mit Verstärkung "Mmhmm", davon 1 Gruppe ausgesprochen nach Pro-Allgemeinbildung-Antworten und 1 Gruppe ausgesprochen nach Anti-Antworten; 2 Gruppen mit Verstärkung "Gut", davon 1 Gruppe ausgesprochen nach Pro-Allgemeinbildung-Antworten und 1 Gruppe ausgesprochen nach Anti-Antworten. Das „Gut" verzerrte die erzielten Ergebnisse, das "Mmhmm" nicht. Auch eine Wiederholung führte zu ähnlichen Ergebnissen, welche mit denen anderer Experimente verglichen wurden, und es wurden Rückschlüsse für das klinische und Meinungsgespräch diskutiert (vgl. Hildum; Brown, 1956, S. 108).

Ad 3.1 c): Wie man das operante Konditionieren zur unbemerkten Beeinflussung einer Zuschauerentscheidung nutzen kann

Durch operante Konditionierung wird die Belohnung oder Bestrafung von Verhaltensweisen gegenüber einem bestimmten Einstellungsobjekt erlernt (**Verstärkungslernen**), die Einstellungsentwicklung wird dadurch beeinflusst: folgt auf ein Verhalten (Zuschauer muss raten, wo der Zauberer seinen Hasen versteckt hat: im Hut oder im Kasten; **als Belohnung fürs Richtigraten gibt's einen Blumenstrauß**) ein Ergebnis (Belohnung oder Bestrafung) ist die Konsequenz entweder positiv konditioniert oder negativ konditioniert: so werden Verhaltensweisen bei Auftreten durch ihre positiven Konsequenzen erhöht oder verstärkt, wobei auch durch die Vermeidung oder Beendigung einer negativen Situation eine positive Konsequenz gezogen werden kann vgl. Roth, 2018, S. 41; Roth, 2020, S. 18).

Deutet der Zauberer mit Handzeichen oder Körperbewegungen auf den Hut, lenkt er die Aufmerksamkeit des Zusehers auf diesen, er kann dies noch mit Worten verstärken: *„Der Hase ist klein, er passt in jeden Hut"*; dadurch wird der Zuschauer unbemerkt beeinflusst, er will auch den Blumenstrauß (Belohnung), und wird sich durch operante Konditionierung wahrscheinlich für den Hut entscheiden.

Ad 3.2 a): Was ist Reaktionsbahnung (response priming) und wie diese mit maskierten Reizen Folgereaktionen beeinflusst

Die **Reaktionsbahnung (response priming)** ist eine besondere Form des Priming, welche darin besteht, dass eine Reaktion (response) auf einen Zielreiz (target) durch die Verarbeitung eines spezifischen Reizes (prime) beeinflusst wird, und diese beiden Reize in sehr schneller Abfolge und mit sprunghaft/beweglichen Antwortalternativen verknüpft werden können (vgl. Wert et al., 2020, S. 30; Kunde, 2019. S. 828):

Die bewusste Sichtbarkeit des Primes kann mit Hilfe von maskierten Reizen bis zur Unsichtbarkeit verändert werden, indem man den maskierten Reiz kurz vor und nach dem Prime setzt, wobei der Target selbst zur Maskierung des Primes genutzt werden kann und somit werden beim Priming durch ausgewählte Reize auch die entsprechend erwünschten Reaktionen hervorgerufen (vgl. Becker-Carus; Wendt, 2017, S. 160, 204).

Ad 3.2 b): Wie kann die Reaktionsbahnung (response priming) im Rahmen der Mentalmagie auf der Bühne zu Unterhaltungszwecken genutzt werden

Response priming nutzt schnell aufeinanderfolgende Reize, auf der Betroffene sofort reagieren muss: im Rahmen der Mentalmagie könnte sich der Zauberer einen Zuschauer auf die Bühne holen und eine Fragenkaskade mit suggestiver Wirkung spielen (vgl. Mai, 2022): Welche Farbe hat das Fell des Hasen? – Weiß. Welche Farbe hat die Wand? – Weiß. Welche Farbe hat ihr Hemd? – Weiß. Was trinkt die Kuh? – Milch (das ist natürlich falsch: die Kuh gibt Milch, aber sie trinkt sie nicht – das wäre dann ja ein Kalb).

Ad 3.3): Was ist Mikromimik bzw. Mikroexpression und deren Möglichkeiten für den praktischen Nutzen in der Mentalmagie; Kritikpunkt

Emotionen beeinflussen die Mimik, betrachtet man die **mimische Kommunikation** genauer, so sind von insgesamt 26 Gesichtsmuskeln 10 für die Mimik zuständig (die Wichtigsten davon sind Augenbrauenrunzler, Augenringmuskel, Oberlippenheber und Großer Jochbeinmuskel) und Menschen können bestimmten Ausdrücken bestimmte Emotionen zuordnen: Fehlt etwa bei einem Lächeln die Zugabe des Augenringmuskels, wird dies als ein falsches Lächeln wahrgenommen, da dieser Muskel nur bei Freude aktiv wird und den Blick verengt; im Gegensatz dazu ist der Oberlippenheber bzw. überhaupt die Mundpartie durch den eigenen Willen beeinflussbar, sodass ein höfliches, erzwungenes Lächeln möglich ist, auch wenn dem Lächelnden nicht danach ist (vgl. Roth, 2020, S. 51; Eder; Brosch, 2019, S. 190 f.).

Kritisch ist anzumerken, dass es nicht leicht ist, einen ehrlichen Gesichtsausdruck von einem vorgespielten sicher abzugrenzen (vgl. Myers, 2014, S. 506).

Ad 3.4): Augenbewegung und Lügen anhand eines Studienbeispieles

Bestimmte Augenbewegungen sollen nach NLP ein Hinweis auf Lügen sein (Blick nach rechts oben = Lüge; Blick nach links oben = Wahrheit). In Experiment 1 der Studie von **Wiseman et al.** (vgl. Wiseman et al., 2012, S. e40259) wurden die Augenbewegungen von 32 Teilnehmern, die logen oder die Wahrheit sagten, kodiert, stimmten aber nicht mit dem obgenannten NLP-Muster überein, es konnte also kein Zusammenhang zwischen Wahrheitsgehalt der Aussage und der Blickrichtung des Teilnehmers erkannt werden.

Anzumerken ist, dass die Augenbewegung zwar etwas mit geistiger Anstrengung zu tun hat (etwa Wissensabruf), jedoch nicht spezifisch ist, für Lügen. Auch erfordert das Abrufen wahrer Sachverhalte keine besondere geistige Aktivität – dass Lügner die Augen verdrehen, sich anderer verräterischer Signale bedienen wie Rot-im-Gesicht werden oder ähnliches, sind lediglich unerwiesene Annahmen; Lügner kann man (nach derzeitigem Wissensstand) nicht sicher überführen (vgl. Malberg, 2012, S. 44).

Literaturverzeichnis

Becker-Carus, C.; Wendt, M. (2017). *Allgemeine Psychologie. Eine Einführung.* 2. vollständig überarbeitete und erweiterte Neuauflage. Springer, Berlin, Heidelberg.

Brod, G.; Breitwieser, J. (2019). *Lighting the wick in the candle of learning: generating a prediction stimulates curiosity.* NPJ science of learning. 4(1), S. 1-7.

Eder, A. B.; Brosch, T. (2019). *Emotion.* In: Müsseler, J., Rieger, M. (Hrsg.): Allgemeine Psychologie. 3. Auflage. Springer, Berlin, Heidelberg.

Hildum, D. C.; Brown, R. W. (1956). *Verbal reinforcement and interviewer bias.* The Journal of Abnormal and Social Psychology, 53(1), 108–111.

Horstmann, G.; Dreisbach, G. (2017). *Allgemeine Psychologie 2 kompakt, Lernen - Emotion - Motivation - Gedächtnis.* 2. Aufl., Beltz, Weinheim, Basel.

Hoyer, J.; Lueken, U. (2021). *Psychotherapie der Angststörungen: State of the Art.* Nervenarzt, 5(92), S. 441–449.

Kang, M. J.; Hsu, M.; Krajbich, I. M.; Loewenstein, G. F. et al. (2019), *The wick in the candle of learning: epistemic curiosity activates reward circuitry and enhances memory.* Psychological Science, 20(8), S. 963-973.

Kunde, W. (2019). *Handlung und Wahrnehmung.* In: Müsseler, J., Rieger, M. (Hrsg.): Allgemeine Psychologie. 3. Auflage. Springer, Berlin, Heidelberg.

Mai, J. (2022). *Priming: Psychologie, Beispiel – der Effekt einfach erklärt.* Expertenartikel aktualisiert am 15.07.2022. https://karrierebibel.de/priming/ (31.03.2023).

Malberg, K. (2012). *Lügner verraten sich doch nicht mit den Augen.* MMW - Fortschritte der Medizin, 154(14), S. 44.

Myers, G. (2014). *Psychologie.* 3. vollständig überarbeitete und erweiterte Auflage. Springer, Berlin, Heidelberg.

Ortony, A. (2012). *From Cognition to Emotion: An Overview of OCC.* PowerPoint Präsentation vom 16.07.2012. https://www.irit.fr/~Andreas.Herzig/Org/WsSintelnet12/Slides/Ortony.pdf (25.03.2023).

Roth, G. (2018). *Bewusstsein, Lernen und Gedächtnis, Begleitheft,* APSYH02. Studienheft der APOLLON Hochschule der Gesundheitswirtschaft, Bremen.

Roth, G. (2020). *Kognitive Prozesse und Emotionen, Begleitheft,* APSYH03. Studienheft der APOLLON Hochschule der Gesundheitswirtschaft, Bremen.

Seligman, M. E. (1971). *Phobias and preparedness.* Behavior therapy, 2(3), S. 307-320.

Storbeck, J.; Clore, G. L. (2005). *With sadness comes accuracy; with happiness, false memory: Mood and the false memory effect*. Psychological Science, 16(10), S. 785-791.

Wert, L.; Denzler, M.; Mayer, J. (2020). *Sozialpsychologie – Das Individuum im sozialen Kontext*: Wahrnehmen – Denken – Fühlen. 2. Aufl., Springer, Berlin.

Wiseman, R.; Watt, C.; ten Brinke, L.; Porter, S. et al. (2012). *The eyes don't have it: Lie detection and neuro-linguistic programming*. PLoS one, 7(7), S. e40259.